調べよう！
わたしたちのまちの施設

市役所

東京都杉並区天沼小学校教諭　新宅直人　指導

1

小峰書店

もくじ

1 市役所ってどんなところ？

本のさいごに、
見学のための
ワークシートが
あるよ！

市役所 ①

2 市役所に行ってみよう

3 新しい公共施設のかたち

ここは、市役所だ！

市役所は、どんなところでしょうか。
はたらく人は、どのような仕事をしているのでしょうか。

やあ、ぼくは
「やくしょん」だよ。
市役所について、みんなは
何を知っているかな？
ぼくといっしょに、
市役所のやくわりを
調べてみよう。

千葉県の習志野市役所の前にある駐車場では、一年に一度の農業祭が開かれます。
農業祭では、市の畑でとれた特産の野菜のしょうかいをしながら売っています。たくさんの人が集まって、祭りを楽しんでいます。

市役所のやくわり

市役所では、市に住む人や、市ではたらく人がくらしやすくなるように、さまざまな仕事をしています。村や町にある役場、区にある区役所も、市役所と同じやくわりがあります。

市に住む人を「市民」というよ。赤ちゃんもお年よりも、みんな「市民」なんだ。

①　市民のくらしに必要なものをつくる

道路の工事をしているところ。道路をつくったり水道をつくったりするのも、市の仕事だ。

市は、図書館など、みんなが使う施設をつくっている。

2

市民のための
サービスをおこなう

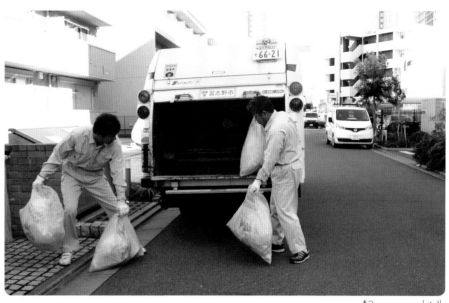

市内のごみ集めやごみ処理
も、市の仕事だ。

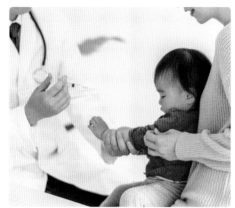

病気にかからないように
するため、赤ちゃんや子
どもに予防注射をする。

3

くらしやすい
まちづくりを考える

市議会を開いて、市のお金の使
い道を決める。

くらしやすいまちにするために、家
や店を建ててよい場所を決めるなど、
土地の使い方を考える。

市役所をさがそう！

みんなの住むまちにも、市役所がありますね。地図を見て、どこにあるか、さがしてみましょう。

インターネットなどでよく見る地図だね。みんなも自分が住んでいるまちの地図でさがしてみよう！

船橋市

地図帳でさがしてみよう

　まずは、自分の住む都道府県が、日本のどのあたりにあるか、そして、市が、都道府県のどのあたりにあるか、地図帳でさがしてみましょう。

千葉県習志野市の場合

日本

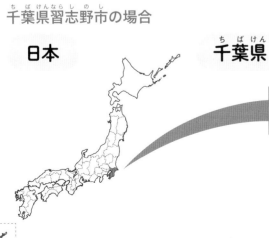

千葉県

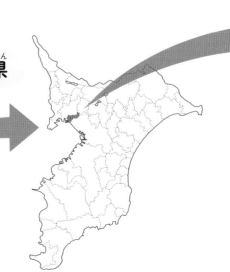

市役所はどんなところにあるかな?

これは習志野市の地図です。市役所が、市のほぼまん中にあることがわかります。市役所は、その市に住む人にとって、だれもが行きやすい場所につくられています。

みんなの住むまちの市役所は、どのような場所に建てられているか、調べてみましょう。

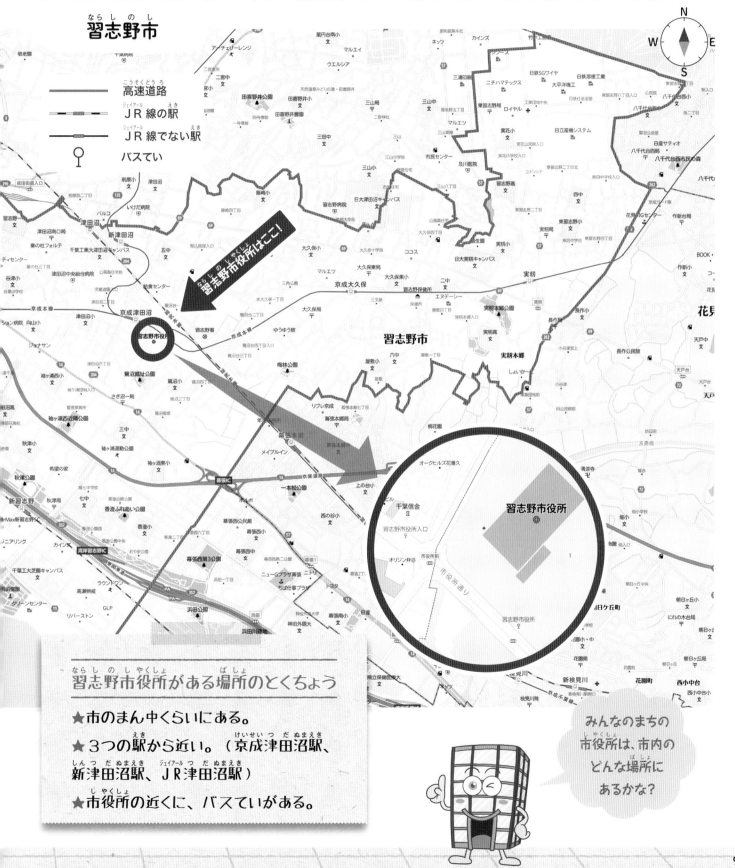

習志野市

習志野市役所がある場所のとくちょう

★市のまん中くらいにある。

★3つの駅から近い。（京成津田沼駅、
新津田沼駅、JR津田沼駅）

★市役所の近くに、バスていがある。

みんなのまちの
市役所は、市内の
どんな場所に
あるかな?

市役所のうつり変わり

市役所は、いつごろつくられたのでしょうか。昔は、どんなようすだったのでしょう。千葉県習志野市を例に、見てみましょう。

村や町だった時代

今から130年ぐらい前の1889年、日本に「市」をつくることになりました。このとき、全国に39の市、1万5820の町村ができました。

同じころ、今の習志野市は、津田沼村とよばれていました。その後、津田沼村は、津田沼町になりました。

習志野市ができて何年かたったころの習志野市役所。

年	1889	1895	1903	1921	1923	1926	1945	1947	1954	1958	1964	1966	1968
習志野市のおもなできごと	○習志野市のおもなできごと ●津田沼村ができる ○全国に「市」ができる		●総武鉄道津田沼駅ができる	●津田沼村から津田沼町になる	○京成線（船橋駅―千葉駅）が開通する	○関東地方に大きな地震（関東大震災）がおきる ○京成線（津田沼駅―成田駅）が開通する	○大きな戦争（第二次世界大戦）が終わる	○新京成線が開通する	●習志野市ができる	●習志野消防署ができる	●鉄筋コンクリートでできた習志野市役所が完成する	●海をうめ立て、人がくらすところを広げる ●習志野市の市立図書館ができる	

**1955年
3万2198人**

習志野市の人口

10

市となり、市役所ができる

今から70年くらい前の1954年、津田沼町と千葉市の一部がいっしょになって、習志野市ができました。大きな戦争（第二次世界大戦）が終わってから9年後のことでした。

市ができて10年後には、鉄筋コンクリートづくりで7階建ての、りっぱな市役所もできました。

1964年にできた習志野市役所。

新しい市役所ができた！

2011年3月におこった東日本大震災で、習志野市も被害を受けました。市役所の建物にひびが入ったので、建てかえることになったのです。

2017年、新しい建物が完成しました。新しい市役所は大きな地震でもこわれないように、とてもじょうぶなつくりになっています。

みんなが住む
まちの役所は
どう変わって
きたのかな？

2019年
17万3810人

1971
●習志野市の人口が10万人をこえる

1977
●海をうめ立て、人がくらすところをさらに広げる

1993
●谷津干潟が世界的に重要な湿地とされる「ラムサール条約登録湿地」になる

うめ立て地のなかにのこされた谷津干潟。

2011
○東日本大震災がおこる

2015
●新しい市役所の工事がはじまる

2017
●新しい市役所ができる

2019
●習志野市の人口が17万3000人をこえる

広がる市役所の仕事

大きな戦争のあと、日本はゆたかになり、全国で人口や工場がふえていきました。
市役所の仕事も、そのときおこった問題を解決するために変わっていきます。

60〜40年前 人がふえて大きくなる市

今から60年くらい前から、全国の市町村で人口がとてもふえました。習志野市の人口もふえつづけ、市になった1954年からの20年間で3倍になりました。習志野市は日本の中心である東京から近く、東京ではたらく人たちが住むようになったからです。

50年前の習志野市役所。住む人がふえて、仕事も多くなり、市役所ではたらく人の数もふえた。

50年前にできた「公害課」

海や川の近くに工場がふえ、人口がふえてたくさんの建物が建てられるようになると、水や空気がよごれてしまう「公害」がおこりました。
きれいで安心してくらせるまちにするために、習志野市役所では今から50年くらい前に「公害課」をつくりました。

写真：朝日新聞社

50年くらい前の神奈川県川崎市の工業地帯。けむりがたくさん出て、空気をよごした。

みんなのまちの市役所にはどんな「課」があるかな？その「課」が、いつ、どうしてできたのか調べてみよう。
（課については17ページ➡）

50年くらい前、海をうめ立てたところにつくられた袖ヶ浦団地。7000人が住めるようになった。

30〜20年前 新しい課ができる

　人がふえるとごみもふえ、大きな問題になりました。そこで、今から20年くらい前には、ごみをへらすためのリサイクルが大切だという考えが広まりました。習志野市役所には、リサイクルをすすめて環境を守る「環境部」ができました。

　また、地震などの災害にそなえる「防災課（今の危機管理課）」をつくり、市民を守る仕事をふやしました。

今の習志野市の「危機管理課」では、毎年、地震などの災害にそなえた訓練をしている。市内で出ている被害の情報を、危機管理課や消防がすばやく集められるようにする。

今 広がっている市役所の仕事

　今、日本はお年よりがふえ、子どもがへっています。そのため、市では、お年よりの生活や子育てを助ける仕事が大切になっています。また、市内にくらす外国人がふえてきました。その人たちの生活も助けてあげなくてはなりません。市役所は、これらの新しい仕事に取り組んでいます。

健康支援課では、子どもたちに正しい歯みがきのしかたを教えている。

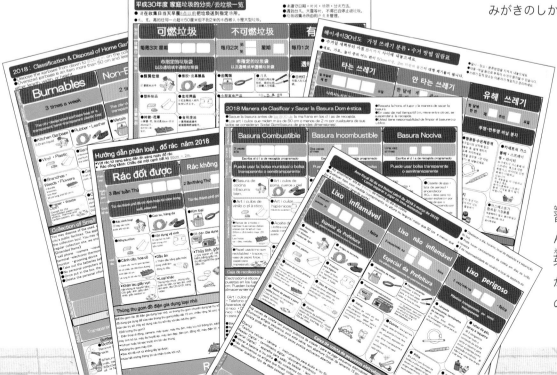

習志野市では、市内に住んでいる外国人のために、英語やベトナム語など6か国語で、ごみの出し方のちらしをくばっている。

ワンステップアップ！
市にある公共施設マップ

市には、市役所のほかにいろいろな公共施設があります。
習志野市を例に、どんな公共施設があるか、見てみましょう。

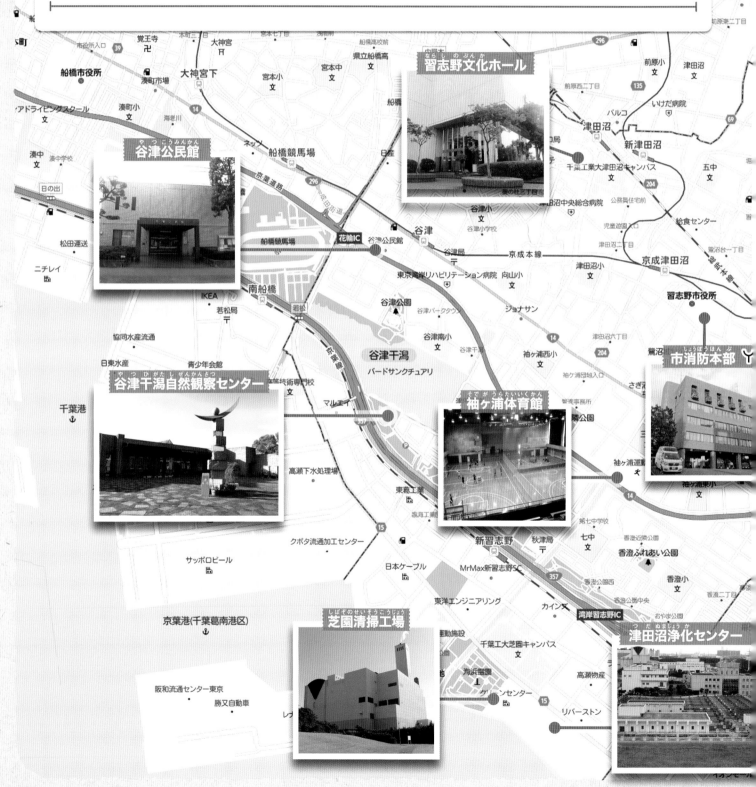

習志野文化ホール

谷津公民館

谷津干潟自然観察センター

袖ケ浦体育館

市消防本部

芝園清掃工場

津田沼浄化センター

東習志野図書館 📖

大久保東小学校 文

第四中学校 文

習志野警察署 ⊗
（県の施設）

大久保こども園

市役所や図書館など、
市が市民のためにつくった
施設を「市の公共施設」というよ。
市内にはこのほかにも、
たくさんの
公共施設があるよね。

公共施設

★図書館 📖

★清掃工場

★下水処理場（津田沼浄化センター）

★警察署 ⊗

★消防署 Ψ

★公園・避難所

★保健会館

★福祉センター

★小学校・中学校 文

★保育所・こども園・幼稚園

★公民館・文化ホール

市役所を調べよう！

市役所の中は、どうなっているのかな？

市役所には、どんな人がいて、どんな仕事をしているのでしょうか。
ここでは、習志野市役所を例に、市役所の中をしょうかいします。

市役所がどんなところか調べてみるよ！

入り口の近くにあるもの

入り口を入ってすぐの場所には、総合案内があります。ここで、自分の行きたいところがどこにあるかを教えてくれます。また、案内板やフロア（階）の案内図などもあるので、自分で行き先を調べることもできます。

●タッチパネルの案内板

スマートフォンのように手でさわると、どこに行けばよいかを調べられる。

●総合案内

どんな用事で来たのかを話すと、どの課に行けばよいかを教えてくれる。

仕事のグループを「課」というよ。
それぞれの課には、市民の相談を聞いたり、市民に必要な書類をわたしたりする窓口があるよ。

●フロア（階）の案内

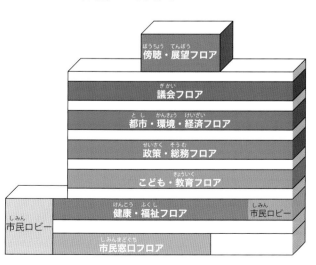

傍聴・展望フロア
議会フロア
都市・環境・経済フロア
政策・総務フロア
こども・教育フロア
健康・福祉フロア　市民ロビー
市民ロビー
市民窓口フロア

6階	市議会のようすを市民が見守る場所がある。
5階	市議会が開かれる場所がある。
4階	まちづくりを進める課がある。
3階	市全体の仕事を考える課がある。
2階	子育てをする家庭を助けたり学校を管理したりする課がある。
1階	安心して生活できるように助ける課がある。
GF	生活にかかわる多くの届け出を受けつける課がある。

市民窓口のフロア

引っこしなど、生活にかかわる多くの届け出を、受けつけています。

> とっても明るくて広いね！たくさんある窓口には番号が書いてあるよ。

案内役の係が、いつもひかえている。何でも聞けるので、安心だ。

多くの市民がやってくる

市民は、生活するうえで、住所や税金のことなど、いろいろな届け出をしなくてはなりません。入り口に近いこのフロアで、多くのことを受けつけています。

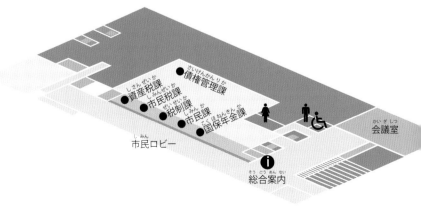

資産税課
市民税課
税制課
債権管理課
市民課
国保年金課
会議室
市民ロビー
総合案内

●市民の情報をあずかる 市民課

市民課は、市民の氏名や住所、生年月日などの情報をあずかるところです。引っこしや、けっこん、赤ちゃんが生まれたときなどに、市民に届け出をしてもらいます。市民が必要なときには、あずかった情報を、証明書にしてわたします。

証明書には、戸籍をしめす書類（日本人であることや家族などがわかるもの）や、住民票（市民であることを証明する書類）などがある。

知ってる？ **市役所の仕事に使うお金はだれのお金？**

市役所が市民のために、公共施設を建てたり、くらしやすいまちにするための活動をしたりするには、たくさんのお金がかかります。そのお金には、市民や、市内の会社がおさめた「税金」が使われています。おとなは、はたらいてもらった分から税金をおさめます。

市役所には、市民や市内の会社がおさめる税金を管理する課がある。

○○図書館

市民がくらしやすくするための活動

みんなのためのものをつくる活動

みんながささえあってくらすための活動

はたらいた人が給料から税金をはらう

買い物をした人が税金をはらう

会社が税金をはらう

税金

市民の情報をあずかる 市民課

いろいろな届け出を受けつける窓口のため、多くの市民がおとずれます。市民課の窓口の係の人に、仕事について聞きました。

おとなになったら、市役所に行く用事がいろいろとできるんだよ。

市民の届け出を受けつける

市民のみなさんが届け出をする窓口ではたらいています。引っこしやけっこんなど、いろいろな生活の変化をむかえた人が、この窓口にいらっしゃいます。届け出を受けつけて、まちがいのないように記録をしておあずかりするのが、わたしたちの仕事です。

市内に引っこして来た人には、手続きのしかただけでなく、市民として受けられるサービスについて説明します。

届け出をするための用紙は、記載台に置いてある。市民は市役所にやってきたら、この用紙に必要な内容を書いて窓口に出す。

届け出の情報を記録する

　届け出のあったひとつひとつの情報を、正しくコンピューターに記録し、管理します。あずかった情報は、ほかの人が見ることができないように、大切に守っています。

ぜったいにまちがえられないので、コンピューターに記録するときには、ほかの職員が、かならずいっしょにたしかめます。

市民の情報を証明する

　市民が、引っこしたり、外国へ行くためのパスポートをつくったりするときには、市役所が発行する住民票などの書類が必要です。市役所が管理している情報を、証明書にしておわたししています。

習志野市が出す住民票。名前や住所、生年月日、市の住民となった日などが書かれている。

千葉県習志野市						住　民　票		1/1
住所	鷺沼2丁目1番1号							
世帯主	習志野　太郎							
氏名	ナラシノ タロウ 習志野　太郎		旧氏				個人番号 省略	
生年月日	昭和60年 1月 1日	性別	男	続柄	世帯主	住民となった日	令和 2年 1月17日	
本籍	千葉県習志野市鷺沼2丁目1番				筆頭者	習志野　太郎		
前住所	千葉県船橋市湊町2丁目10番				住定年月日		届出年月日	
					令和 2年 1月17日　転入		令和 2年 1月17日	
備考						住民票コード 省略		
氏名	ナラシノ ハナコ 習志野　花子		旧氏				個人番号 省略	
生年月日	昭和61年 1月 1日	性別	女	続柄	妻	住民となった日	令和 2年 1月17日	
本籍	千葉県習志野市鷺沼2丁目1番				筆頭者	習志野　太郎		
前住所	千葉県船橋市湊町2丁目10番				住定年月日		届出年月日	
					令和 2年 1月17日　転入		令和 2年 1月17日	
備考						住民票コード 省略		
氏名	＊＊＊　以下余白　＊＊＊		旧氏				個人番号	
生年月日		性別		続柄		住民となった日		
本籍					筆頭者			
前住所					住定年月日		届出年月日	
備考						住民票コード		
氏名			旧氏				個人番号	

？引っこしたら、ペットの犬も届け出が必要？

　犬を飼ったら市町村に届け出をして、犬の登録をすること、1年に1回、狂犬病予防注射を受けさせることが法律で決められています。べつの市町村に引っこしたときには新しい市町村に届け出て、新しい鑑札をもらいます。

左は、習志野市の犬の鑑札で、登録を受けた証明。右は、狂犬病予防注射済票で、狂犬病の予防注射がすんでいる証明。札は犬につけておく。

？「マイナンバー」って何？

　日本に住んでいる人は、マイナンバーとよばれる12個の数字があたえられています。この番号で、いろいろな情報がだれのものかを管理しています。希望する人は、名前や住所を証明できる「マイナンバーカード」を市役所につくってもらうこともできます。

マイナンバーカード。いろいろな証明書のかわりに使ったり、市役所に行かなくても、コンビニエンスストアで証明書を受けとったりできる。

健康・福祉のフロア

市民が安心して生活できるように、手助けをする課があります。

「福祉」とは、すべての人がしあわせに生活できるように助けることだよ!

市民のしあわせな生活をささえる

重い病気やけがでこまっている人や、お年より、赤ちゃんのいる家庭などが安心してくらせる手助けをしています。どんな手助けをするのかによって、課が分かれています。

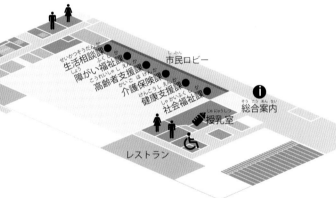

生活相談課
障がい福祉課
高齢者支援課
介護保険課
健康支援課
社会福祉課
市民ロビー
総合案内
授乳室
レストラン

●障がいのある人を手助けする
障がい福祉課

障がい福祉課は、重い病気やけがのために体が不自由な人も、安心してくらせるようにする仕事をしています。車いすのかし出しや、鉄道・バスの割引のサービスのしょうかいをしたり、こまったことがあれば相談を受けたりしています。

障がい福祉課
Disabled Citizens'
Welfare Section

耳が不自由な市民が窓口に来たときには、手話のできる職員が手助けしている。

●お年よりをささえる 高齢者支援課

　高齢者支援課は、お年よりが集まってすごす施設づくりや、お年よりが元気にくらすための交流の場をつくっています。また、生活に助けがいる人の相談にのり、さまざまなサービスを利用できるように、お年よりをささえています。

スーパーマーケットや銀行などにはってあるステッカー。ものわすれがひどくなって道にまよったお年よりを助けてくれる人がいるしるし。

老人福祉センターでは、お年よりが元気でいられるように、ころびにくくなるためのたいそうなどを広めている。

老人福祉センター

●市民の健康を守る 健康支援課

　市民の健康を守るために、健康診査や歯科健診などをしています。市の施設である保健会館などで、市民の健康相談や栄養相談などもしています。

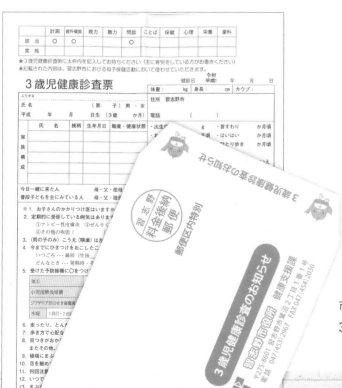

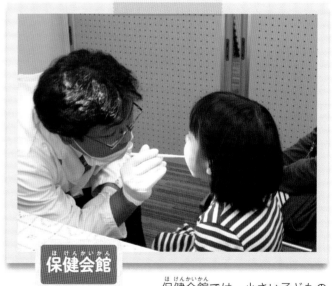

保健会館

保健会館では、小さい子どもの歯科健診などをしている。むし歯がないか、歯医者さんが調べている。

市役所から送られる3歳児健康診査票。

子ども・教育のフロア

子育てをする家庭を助ける課や、
学校の管理をする課があります。

こども政策課
こども保育課
児童育成課
子育て支援課
教育総務課
学校教育課
指導課
生涯スポーツ課
青少年センター
社会教育課
授乳室

教育と文化をささえる

　小学校入学前の小さい子から小・中・高等学校まで、市内に住む子どもたちが安心してくらせるように、保育所・こども園や学校などをととのえています。また、図書館や文化ホール、体育館など、市民が利用する施設も管理しています。

●保育サービスをする こども保育課

　こども保育課では、お父さんやお母さんが安心してはたらけるように、保育所、こども園、幼稚園への入園受けつけをしています。先生たちと勉強会をして、小さい子どもたちが楽しく安全に生活できるようにしています。

保育施設への入園や保育にかかるお金、子どもの一時あずかりサービスなどについて説明する。

こども園

こども園の砂場で遊ぶ子どもたち。園の土や砂をきれいにするのも、大事な仕事。

家庭での子育てのなやみ相談を受けて、助ける係の人がいる。

●学校を助ける 指導課

指導課では、子どもたちが元気に楽しく学校生活ができるようにするために、学校の先生と勉強会をしたり、学習しているようすを学校へ見に行ったりしています。みんなが使っている教科書を用意するのも、指導課の仕事です。

小学校

指導課は、英語の授業を助けてくれる外国の人を小学校によんでいる。

●スポーツの場をつくる 生涯スポーツ課

生涯スポーツ課では、市民がスポーツを楽しめるように、体育館やサッカー場などさまざまな公共施設をつくっています。スポーツの行事や、スポーツ団体の活動をささえる仕事もします。

サッカー場

日本代表も使うグラウンドで、サッカーを楽しめる。利用するときは予約をする。

体育館

クライミングウォールを楽しむようす。家族みんなで参加できるイベントも開かれている。

政策のフロア

市全体のことを考える課があります。

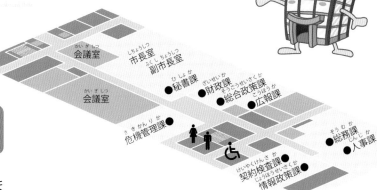

役所などが、市全体のことを考えて、市をよくするためにおこなっていくことを「政策」というよ。

会議室
会議室
市長室
副市長室
● 秘書課
● 財政課
● 総合政策課
● 広報課
● 危機管理課
● 総務課
● 人事課
契約検査課
情報政策課

市役所全体の仕事をささえる

市全体の仕事を考えて決める課や、市役所のほかの課の仕事を助ける課があります。

● 市民へ「お知らせ」をつたえる 広報課

広報課は、市の仕事を、たくさんの人にわかりやすくつたえるのが仕事です。市民には大切なお知らせを、市の外に住む人には市のよさをつたえています。市の広報紙やホームページは、広報課がつくっています。

広報課の人は、広報紙にのせる記事をつくるために、写真をとって取材をする。

毎月つくる広報紙には、市からのお知らせをのせている。

● 災害から市民を守る 危機管理課

危機管理課は、災害から市民の安全を守る仕事をします。地震などの災害がおきたときに、市民が安全にひなんすることができるように防災訓練をします。また、市民がつくる自主防災グループの活動をささえるのも仕事です。

災害がおきたときに、だれがどのように動くかなどを考える訓練をする。

まちづくりのフロア

まちづくりを進めている
課があります。

まちづくりの計画・実行をする

どのようなまちにするのかを考えたり、じっさいに開発を進めたりする課があります。家や工場を建てる場所を考えたり、道路や公園をととのえたりすることで、くらしやすいまちをつくります。

●まちづくりのまとめ役 都市政策課

都市政策課は、いくつもの課をまとめるところです。道路をつくったりなおしたりする街路整備課、おもな駅前の再開発などをおこなう都市再生課、市全体のまちづくりを考える都市計画課などの仕事をまとめて、市民がくらしやすいまちをめざします。

市民のためのコミュニティバスを運行するのも、都市政策課の仕事。

●環境を守る 環境政策課

環境を守るための計画を立てます。地球の温度が上がってしまう環境問題への取り組みを考えたり、海や川の水がよごれていないか調べたりして、くらしやすいまちをつくります。

谷津干潟

環境政策課では、国の環境省と協力して、市民といっしょに谷津干潟をきれいにする行事を毎年開いている。

はたらく人に教えてもらったよ

まちづくりの計画を立てる 都市計画課

市の未来のすがたを考え、まちづくりの計画をしています。都市計画課ではたらく人に、仕事について聞きました。

だれもが
住みやすいまちに
するためにどうするか
決めたものを
「都市計画」というよ。

どんなまちにするか、目標を決める

わたしたちは、市民にとってさらに住みやすいまちにするために、どんな建物や道路をどこにつくるかという都市計画を立てます。市民のみんなが楽しめるように公園の場所を決めたり、駅前にお店が建てられるようにしたりして、どんなまちにするかという目標を決めていきます。

地図を見ながら、どのようなまちづくりをすれば、みんなが住みやすいまちになるか、話しあいます。

まちづくりの決まりごとをつくる

目標を立てたら、建物の種類や大きさ、高さなどの決まりごとをつくります。自由に建物を建てると、日かげになったり風通しが悪くなったりするので、決まりごとが必要です。20年後の未来を考えて、まちづくりの計画をつくっています。

習志野市のまちづくり計画が書かれた「習志野市都市マスタープラン」。

市民の声を聞き計画を決める

　計画をつくったら、会議を開きます。都市計画は市民が住みやすいまちにするためのものなので、計画について市民の声をよく聞くようにします。声を聞いて計画を直すこともあります。計画を考え直すことは大変ですが、とてもやりがいのある仕事です。

都市計画の会議のようす。市民の代表者、市議会議員、大学の先生などに集まってもらい、市民がねがう、くらしやすいまちになる都市計画かどうかを話しあう。

 くらべてみよう　まちづくりの前と後

　習志野市では、たくさんの人が住むところや、買い物ができるお店、それに広い公園もあるような、にぎわいのあるまちをつくる計画を立てました。そして「奏の杜」と名前が新しくついたまちが、できあがりました。

　計画をはじめてから11年ほどかかりましたが、およそ8000人が住むにぎやかな場所に変わりました。

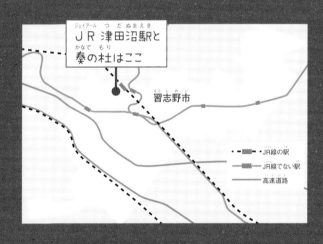

JR 津田沼駅と
奏の杜はここ

習志野市

- ■■■ JR線の駅
- ■■■ JR線でない駅
- ── 高速道路

できあがった習志野市の「奏の杜」。住む人が楽しめる、大きな公園もある。

15年くらい前の JR 津田沼駅南側のようす。広い畑が広がっていた。

はたらく人に教えてもらったよ

市の産業をさかんにする 産業振興課

市内ではたらく人のために産業を
もり上げます。産業振興課ではた
らく人に、話を聞きました。

みんなの市には、
ご当地キャラはいるかな?
どんな仕事をしているか
調べてみよう。

行事では、
市のご当地キャラの
「ナラシド♪」といっしょに
もり上げるよ!

市内の農家や会社、お店をささえる

わたしたちの課は、市内の会社やお店の仕事を、
いっしょにもりあげる仕事をしています。農家の
人たちがつくった野菜をしょうかいして、買って
もらえるようにしています。

市の特産品を知ってもらう

市の特産品を広めるために、観光ガイドブック
をつくっています。習志野市の魅力をみんなに知
ってもらうことが目的です。特産品の習志野産の
にんじんは、とてもあまくて人気があります。

習志野市農業祭は、
毎年11月に、市役
所の駐車場で開かれ
る。農家の人たちが
市の特産品である
"にんじん色"の服
を着て、市の特産品
の野菜をしょうかい
している。

産業振興課でつくっている習志野市の観光ガイドブッ
ク。全国の人たちに、習志野市のすてきなところがつ
たわるように考えてつくっている。

知ってる？ 生活にかかせない水道とごみ処理

みんなの家に水をとどける水道や、使った水をきれいにして川などに流す下水道、ごみ処理場も、生活にかかせない施設です。これらも、市がつくって管理しています。

習志野市では、左の写真にうつっている「習志野市企業局」が、水道と下水道の仕事をしています。ごみ処理は「クリーン推進課」の仕事です。

水道
水道管の工事をしているところ。安全な水を市民にとどけるために、市では水道管のとりかえなどの工事をする。

下水処理場
津田沼浄化センター（下水処理場）では、市内から下水を集めてきれいにし、海へ流している。

ごみ処理場
習志野市の清掃工場。もえるごみは、この工場で処理している。

議会のフロア

議会のための議場があります。議会とは、だれが、
何のために開くのでしょうか。

選挙では、投票所で
自分がえらんだ人の
名前を書いて、箱に
入れる。18歳から、
選挙に参加できる。

市民の代表者が話しあう

市を住みよいまちにするためには、市民が全員
でどうしたらよいか考えていかなくてはなりませ
ん。しかし、みんなが集まって話しあうのはたい
へんです。そこで、市民はみんなの代表を市民の
中から選挙でえらんで、かわりに話しあいをして
もらいます。

その代表が市議会議員で、話しあうための市議
会議員の集まりが市議会です。

市議会と市長のやくわり

市には、市議会のほかに市長がいます。市長も
みんなが選挙でえらんだ市民の代表です。

市長は、市役所で計画した仕事やお金の使い方
などについて、それでよいのかどうかを市議会で
話しあって決めてもらいます。そして、市議会で
決まったことをもとに市の仕事を進めます。市議
会と市長は、おたがいに協力しあって市民のため
にまちづくりの仕事をしています。

市民

市民の声を聞く

希望をつたえる

市民のためになる
仕事をする

選挙でえらぶ

選挙でえらぶ

市議会

市役所

市長

議会で、案へ賛成か反対かを
決めて市長へつたえる

市の仕事やお金の使い方の案、
まちづくり計画を相談する

知ってる？ 話しあいの内容がモニターでわかるくふう

市議会の話しあいを、市民は見守ることができます。議場には、市民のための席（傍聴席）があります。なかには、傍聴席に話の内容を文字で読むことができるモニターがおかれているところもあります。これによって、耳が不自由な人にも、議員の話しあいの内容がわかるようになりました。

神奈川県川崎市で、市議会の傍聴席におかれたモニター。議場での発言がすぐに文字に変えられ、モニターで見ることができる。

写真：東京新聞

習志野市の市議会の議場。習志野市では年4回議会が開かれることが決められている。
急に決めなくてはいけないことがあったら、その場合も議会が開かれる。

習志野市の市章（マーク）がある。

まん中に議長がすわる。

こちらがわ3列が市役所の人の席。

こちらがわは市議会議員の席。

市長がすわる場所。

つくえにはそれぞれ、すわる人の名前のふだがある。

市役所とともに活動する市民

多くの市民が、自分たちの住む市をくらしやすくするために
いろいろな活動をしています。

防犯隊がまちを守る

市では、犯罪をふせぐために、市民が防犯活動をしています。習志野市には、子どもたちによる「キラット・ジュニア防犯隊」があります。市民へ防犯をよびかけるキャンペーンや、犯罪がおこりそうな場所をしめした地域防犯マップづくりなどをしています。

習志野市の「キラット・ジュニア防犯隊」。おもに小学校5年生から中学校2年生が、防犯隊としてまちを守る活動をしている。

まちをきれいにする

市では、ごみのないきれいなまちをめざして、道路や公園、駅前の広場などに落ちている空きかんや空きびん、ごみなどをひろう「ごみゼロ運動」をしています。

ごみゼロ運動の日には、子どもたちもごみひろいに参加する。

まちに花を植える

　市では、まちを美しくし、市民が気持ちよくすごせるように、さまざまな場所に花を植えています。

　町会やボランティアの人たちに花の種やなえをくばり、まちに植えてもらう活動もあります。

みんなも、
りっぱな市民なんだ。
市民のひとりとして、
役に立てることは
たくさんあるよね。

「花いっぱい花だんづくり」では、市がくばる花のなえを、子どもたちがまちのあちこちに植える。

調べよう！　外国人となかよくくらすための活動

　日本に住む外国人は、毎年ふえています。外国の人たちとなかよくするためには、おたがいの文化やくらし方のちがいをよく知ることが大切です。外国人がくらしやすくなるように、市ではさまざまな活動をしています。

習志野市では、高校生がおたがいの国に行って交流する。写真はアメリカから日本に来た高校生。

習志野市の国際交流協会では、日本語がわからない外国人のために、日本語教室を開いている。

③ 新しい公共施設のかたち

まとめてひとつの施設にする

近ごろは、公民館や市の体育館、図書館などをひとつに
まとめた施設がふえています。

まちの人が集まる新しい施設

　日本中の市や町で、これまで建てていた公共
施設が古くなってきました。ぜんぶを新しくす
るには、たくさんのお金が必要です。そこで市
では、いろいろな施設をひとつにまとめた新し
いタイプの公共施設を考え、つくっています。
　市はこのように、市民のくらしをよりよくす
るための仕事をしつづけています。

2019年に習志野市にできた複合施設「プラッツ
習志野」。北館には公民館や図書館、市民ホール
がある。ほかに体育館、テニスコート、パークゴ
ルフ場、野球場、公園などがある。

図書館
明るく、すご
しやすい館内。

公園
子どもたちで
いつもにぎわ
っている。

北館（図書館・公民館・ホール）

北館（図書館）

児童公園

野球場

駐車場

多目的広場

パークゴルフ場

テニスコート

南館（体育館）

和室

スタジオ

公民館

公民館は、市民が集まって活動をする場所。保育所や小学校の保護者会、料理教室や書道教室、ダンスサークルなど、さまざまな活動ができる。

子どもやお年より、外国の人もひとつの施設に集まったら、新しい出会いがありそうだね。

調理室

音楽室

ホール 演奏会や行事が開かれる。

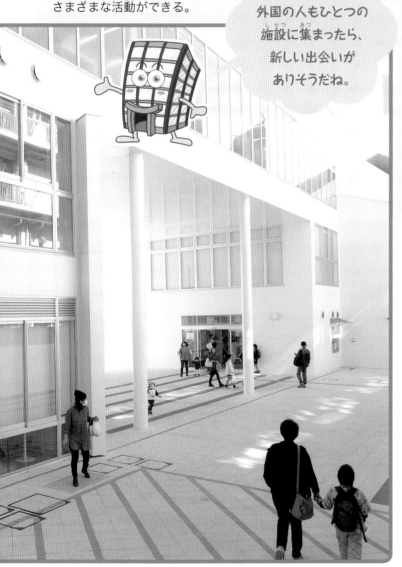

体育館 さまざまな室内スポーツができる。

子どもスペース

トレーニング室

さくいん

市役所を見学しよう！

年	組	番
名　前		

▶ 市役所のそれぞれの階には、どんな課があって、どんな仕事をしているかな？
たくさんの階があるときは、気になる課がある階について書いてみましょう。

_____ 階	
_____ 階	
_____ 階	

▶ どの課の人にお話を聞いたかな？

　　　　　　　　　　　課　　　　　　　さん

▶ 見学して、気づいたことやぎもんに思ったことを書こう。

| 指導 | 新宅直人（東京都杉並区立天沼小学校教諭） |

装丁・本文デザイン	倉科明敏（T. デザイン室）
企画・編集	渡部のり子・増田秀彰（小峰書店）
	常松心平・鬼塚夏海・古川貴恵（オフィス303）
文	山内ススム
写真	平井伸造
キャラクターイラスト	すがのやすのり
イラスト	フジサワミカ
取材協力	習志野市

| 地図協力 | 株式会社ONE COMPATH、インクリメントP株式会社 |
| 写真協力 | 習志野市役所、PIXTA |

1

調べよう! わたしたちのまちの施設 ①
市役所

2020年4月7日　第1刷発行

発 行 者　小峰広一郎
発 行 所　株式会社小峰書店
　　　　　〒162-0066 東京都新宿区市谷台町 4-15
　　　　　TEL 03-3357-3521　FAX 03-3357-1027
　　　　　https://www.komineshoten.co.jp/
印刷・製本　図書印刷株式会社

© Komineshoten 2020 Printed in Japan
NDC318　39p　29×23cm　ISBN978-4-338-33201-9